Canciones y masajes de 0 a 3 años

Viaje a la serenidad I

Guía práctica de relajación para padres y educadores

Natalia Velilla
y Maite Hernández

Canciones y masajes de 0 a 3 años

SAN PABLO

Dirección editorial: *Ricardo Ares*
Vice-dirección editorial: *Pedro Miguel García*
Dirección Multimedia: *Maite López*
Coordinación editorial: *Juan Antonio López*
Música: *Rafael Martínez y Natalia Velilla*
Ilustraciones y diseño: *Marta Chicote*
Fotografía: *Samuel Ibáñez*
Maquetación: *José Luis Silván*
Revisión: *Mª Jesús García González*

Distribución: SAN PABLO. División comercial
Resina, 1. 28021 Madrid
Tel. 917 987 375 - Fax 915 052 050 - ventas@sanpablo.es
ISBN: 84-285-2829-2
Depósito legal: M. 33.446-2005
Impreso en Artes gráficas Gar.Vi. 28970 Humanes (Madrid)
Printed in Spain. Impreso en España

Este material que presentamos es el resultado de la demanda que actualmente están haciendo la escuela en particular y los niños y niñas en general, para promover situaciones de bienestar, calma y relajación que lleven a crear climas propicios para un aprendizaje creativo.

El ritmo acelerado en el que vivimos en nuestra sociedad occidental nos produce un nivel de ansiedad, nerviosismo y estrés que desequilibra completamente nuestro organismo y nuestra mente. Este ritmo no es sólo vivido por el adulto, sino que también, de forma inconsciente, es transmitido a los niños: los llenamos de infinidad de actividades después de su jornada escolar sin dejarles ni un solo espacio para el juego, la distracción, el descanso y la relajación.

Por otro lado, las imágenes que les ofrecemos en los medios de comunicación tampoco son las mejores para crear un clima de calma y sosiego, más bien producen el efecto contrario: el niño actual vive inmerso en un mundo de agresividad, violencia y aceleración como jamás antes lo había vivido.

De este modo su sistema nervioso, todavía joven y en proceso de maduración, sufre una excitación que disminuye los rendimientos escolares, empeora su vida afectiva y social y en definitiva nos lleva a una deficiente calidad de vida en medio de la sobreabundancia de estímulos.

¿Qué ocurre con nuestros escolares cuando por las mañanas entran en las aulas? Simplemente que su grado de ansiedad y nerviosismo es tan alto que centrar su atención e intentar crear un clima de aprendizaje y concentración resulta muchas veces imposible, y las propias relaciones personales entre ellos son tan agresivas que desembocan en agresiones físicas o materiales.

La observación de este problema, cada vez más grave, es lo que nos ha llevado a crear este material, que ya ha sido experimentado con resultados muy positivos en los niños, bajando en gran medida el grado de agresividad y ansiedad y aumentando, consecuentemente, el de atención y concentración y bienestar, así como la mejoría en las relaciones interpersonales.

De todos es sabido el poder que ejerce la música sobre el individuo. Desde muy antiguo el hombre ha utilizado la música para modificar estados de ánimo ayudando a conseguir, con su acción relajante y tranquilizante, el equilibrio en el cerebro y, por conexión, en todo el organismo.

Pero utilizar la música, en solitario, sobre un grupo de escolares y tratar de que se relajen con ella, es, la mayoría de las veces, y a pesar de la buena voluntad del maestro, una tarea complicada, y el principal problema, el más importante, es que los niños actuales no saben escuchar. Por tanto necesitamos algo que llame su atención para que la música pueda ejercer sus efectos.

En este material hemos unido al poder de la música la fuerza de la palabra hablada o cantada y el placer del tacto. La palabra, a través de un pequeño cuento, narración, canción o evocación de imágenes, va a captar la atención de los niños produciendo, junto con la música, una sensación de bienestar que conllevará, seguidamente, a crear a un estado de relajación y equilibrio mental. El placer de tocar o ser tocados, además de contribuir a las sensaciones de bienestar y confianza, estimula el sistema nervioso, neuronal e inmunológico y favorece las relaciones interpersonales, niño/niño, adulto/niño y las relaciones con uno mismo.

Los textos, las músicas y las canciones han sido creados para los niños; su finalidad es lograr un estado de relajación y de calma. Las imágenes que se sugieren focalizan la atención y estimulan la creatividad así como la autoestima y otras cualidades positivas que son valiosas en el desarrollo de la inteligencia emocional.

Los ritmos musicales y la entonación de la voz hablada y cantada captan la atención de modo que la ansiedad, particularmente en momentos conflictivos, desciende dejando paso a un estado mucho más sosegado. Las experiencias tanto con niños como con adultos así lo han demostrado.

Los niños, seguros de sí mismos y de la acogida que la vida les brinda, generan actitudes lejanas al conflicto, positivas, libres de culpas y de miedos. Creemos que padres y educadores en estrecha colaboración podremos contribuir a la presencia en el planeta de seres más felices y más tolerantes.

...Y antes de que continúes adentrándote en este apasionante mundo, las autoras queremos darte las gracias por prestarnos tu tiempo, por interesarte en este tema y por ser un eslabón más de la cadena de personas que quieren que los habitantes de este planeta, futuros y presentes, seamos un poco mejores.

El libro que tienes entre tus manos está muy lejos de ser un tratado sobre relajación y masaje. Este material es simplemente el fruto de la práctica en el aula y en la familia y queremos compartirlo contigo porque somos conscientes de su beneficio ante el estrés que la sociedad occidental somete a nuestros niños. Por ello a través de ti queremos contribuir a bajar estos niveles de estrés y ansiedad para que tu trabajo en el aula o con tus hijos sea mucho mejor para ti y para los que comparten contigo tu vida y tu trabajo.

En este primer volumen, dedicado a los más pequeños, practicamos la relajación a través del masaje y la canción que acompaña a este. En los apartados siguientes encontrarás el porqué del masaje y la canción y sus beneficios. Como ya hemos indicado anteriormente, no pretendemos mostrarte ningún estudio exhaustivo sobre masaje, para ello hay muy buena bibliografía en castellano y sobre todo en inglés. Aquí te presentamos 16 ejercicios de masaje que tú puedes practicar en un momento determinado en el que necesites bajar la ansiedad o después de un trabajo de atención que ha generado estrés en el pequeño. Como diría Vimala Schneider en su libro sobre Masaje Infantil, "son pequeños toques de masaje", y practicando estos de una forma regular y metódica irás comprobando personalmente sus beneficios.

3 EL MASAJE

Actualmente nuestra ultramodernizada sociedad occidental parece haber olvidado sus antiguas tradiciones, aquello que para nuestras abuelas era su rutina diaria. Nuestras abuelas sabían que para criar a sus hijos sanos y fuertes y sin los avances de la medicina actual, tenían que proporcionarles mucho amor; meciéndolos y acunándolos en sus brazos, jugando con sus manos, pies, sentándolos en su regazo e inventando miles de cancioncillas, rimas y tonadas para entretenerlos... porque no existía la televisión y no todo el mundo podía adquirir aparatos reproductores de música. A nuestras abuelas nadie les enseñaba, simplemente aprendían porque habían visto antes a sus madres y así la tradición pasaba de una generación a otra.

Ahora tenemos todo tipo de sillas, cochecitos, juguetes estimuladores de la inteligencia, televisión, aparatos de música, CDs y una larga lista de productos comerciales especialmente dedicados a los bebés y los niños. Pero nos hemos olvidado de lo más importante: cantar, acariciar y jugar con el niño o el bebé. Y ningún producto del mercado puede sustituir las relaciones personales que una madre puede tener con su hijo y los vínculos que se crean entre ambos.

Aunque nosotros hemos olvidado esta sabiduría que se pasaba de generación en generación y ya apenas se canta a los niños porque no conocemos un repertorio apropiado, o creemos que cantamos mal y nos da vergüenza o pensamos que vamos a desafinar el oído del pequeño o no tenemos tiempo para ello... o por miles de razones y excusas. Afortunadamente hay quien está rescatando este saber y para ello hemos tenido que fijarnos en las sociedades a las que todavía no les ha llegado la ultramodernidad y todavía mantienen la sabiduría de sus abuelas. En el sur de la India, concretamente en Kerala, las madres diariamente, así como dan de comer a sus hijos, les dan masaje, les cantan y en ese momento el tiempo se detiene y es sólo para ellos, para esa madre y su hijo, para alimentar sus relaciones e incrementar sus lazos, para que ese niño crezca feliz sabiendo que es querido y amado. A veces es más importante este masaje que la propia comida.

Estos "toques de masaje" que aquí te presentamos están basados en estos masajes de las madres de la India que el autor Frédérick Leboyer publicó en su libro "Shantala", titulado así en honor una madre india que se llamaba así. Nosotros los hemos adaptado a nuestras rimas populares españolas poniéndoles música o bien hemos creado canciones apropiadas para ello.

¿QUÉ BENEFICIOS APORTA EL MASAJE?

Diversos estudios, como los realizados por la Dra. Tiffany Field en el Touch Research Institute o la psicóloga Ruth Rice en Dallas o el Profesor del Departamento de dermatología y cirugía cutánea de la Escuela de Medicina de la Universidad de Miami, Lawrence Schachner, y los 30 años de experiencia en masajes con bebés de Vimala Schneider en Colorado, han demostrado los beneficios del masaje.

- El masaje es una de las experiencias de relajación efectivas que puede ofrecerse al niño. Sabemos que enfrentarse a situaciones nuevas, que es del todo sano y está dentro del proceso de aprendizaje que deben superar todas las personas, produce en los niños cierto estrés; este estrés es necesario en dosis bajas, pero cuando empieza a acumularse puede llegar a bloquear el proceso de aprendizaje. Aquí es donde el masaje actúa como remedio a la acumulación de estrés bloqueador.

- Los niños que han recibido masajes de adultos serán menos agresivos y violentos, más cooperadores y compasivos. Seres humanos vitales, creativos, curiosos, seguros, inteligentes, sociales, cariñosos y humanitarios.
- El masaje ayuda a comprender el lenguaje no verbal del bebé.
- Dar un masaje comunica amor, libera tensiones y ayuda a comprender mejor las necesidades del niño.
- Ayuda a mantener la salud y el bienestar: ofrece mayor inmunidad ante la enfermedad, aumenta el peso en los bebés y mejora el desarrollo neurológico.
- El masaje mejora los sistemas respiratorio, circulatorio, digestivo, excretor, nervioso y endocrino.
- Reduce los umbrales del miedo y excitación.
- Aumenta la mansedumbre, amabilidad y audacia.
- Crea vínculos afectivos entre el niño y el adulto que realiza el masaje, incluso es bueno el masaje entre los propios niños para fortalecer los lazos de amistad y compañerismo.

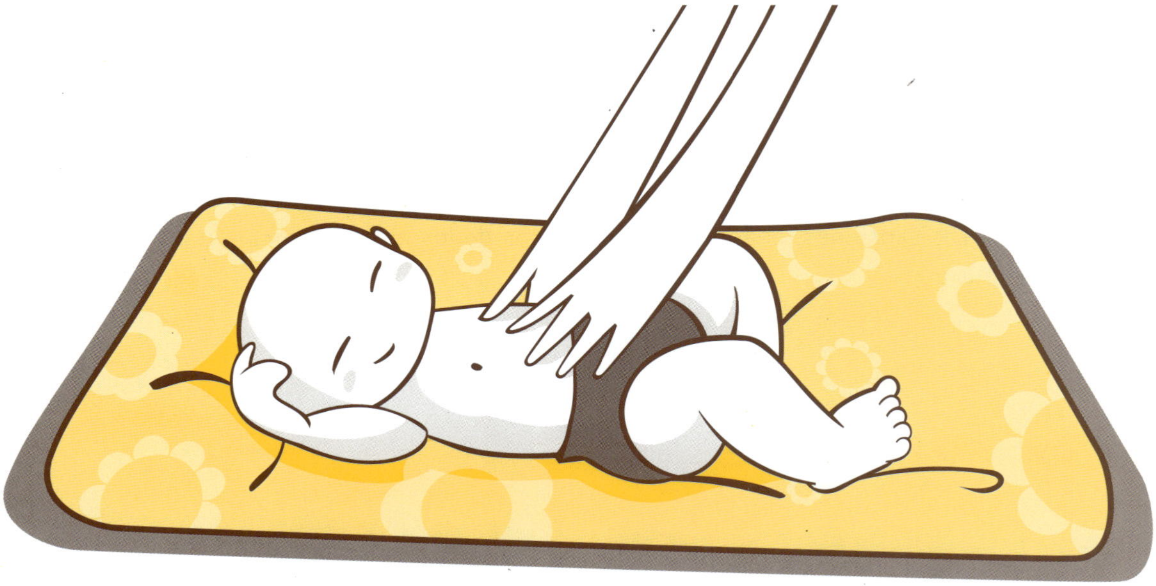

4 LA CANCIÓN

Musicalmente hablando, la canción es el elemento por excelencia para aproximar al niño al complejo lenguaje de la música, pero extramusicalmente podríamos decir que la canción tiene unos efectos secundarios muy beneficiosos para las personas y sobre todo para los niños por estar en pleno proceso de formación.

¿CUÁLES SON LOS BENEFICIOS DE LA CANCIÓN?

Los beneficios de la canción son múltiples:

- El equilibrio que se crea entre la melodía y el texto en las frases educa el sentido de la proporción.
- Educa la dicción y el ritmo.
- Crea un sentido de orden y belleza, y a su vez ayuda a ordenar y generar ideas.
- Enriquece el lenguaje aportando palabras y expresiones nuevas.
- Desarrolla la memoria y la imaginación.
- Reconforta, alegra, proporciona energía, alivia tensiones y hace a la persona más positiva.
- El lenguaje hablado y el musical tratados de forma conjunta, como se hace en las canciones, permite incrementar las posibilidades de establecer comunicación y desarrollar las capacidades de simbolización, potenciando la curiosidad, el respeto y el interés.
- Las canciones transmiten un mensaje que crea el deseo de descubrir, entender, participar, leer, escribir...

Tras leer esta lista de beneficios huelga añadir cualquier otra justificación, sólo apuntaremos algo sobre los niños cuando empiezan a tener capacidad de desplazamiento; a partir de un año, más o menos, mantenerlos tumbados para recibir el masaje empieza a ser una tarea difícil, pero el canto atraerá su atención y les ayudará a centrarse en lo que están haciendo, además de darles seguridad y confianza. Las canciones, adaptadas a las edades de los niños, terminarán por aprenderlas y cantarlas ellos mismos.

¿CUÁNDO DEBEMOS DAR UN MASAJE?

El momento debe elegirlo uno mismo, según las circunstancias en las que se encuentren el adulto y el niño. Lo importante es que quien realice el masaje esté completamente relajado, sin prisas, sin agobios; tiene que dejar todos sus problemas a un lado para centrarse en el masaje y el niño y no pensar en nada más. Y hay que saber que en ese momento elegido nadie nos va a interrumpir —un teléfono, una llamada de alguien que viene...—. Si estamos en el aula se puede incorporar a la rutina diaria en algún momento que escojamos para dedicarlo al masaje.

¿DÓNDE DEBEMOS DAR EL MASAJE?

Una habitación o aula tranquila, sin ruidos y bien caldeada, sobre todo si es un bebé y queremos desnudarlo.

EL ADULTO: ¿CÓMO COLOCARNOS?

Para dar el masaje hay que sentarse de una manera confortable, de tal forma que no nos duela la espalda, ni se nos cansen las piernas.

Podemos sentarnos en el suelo de rodillas y con un almohadón sobre las piernas, por detrás, para sentarnos con la espalda recta y colocar al niño frente a nosotros sobre una colchoneta (protegida con una toalla si es un bebé) o almohada. También podemos tumbar al bebé en el cambiador o sobre una mesa protegida con una toalla y nosotros sentarnos en una silla.

En el caso de bebés de pocos meses la posición ideal es sentarnos nosotros en el suelo con la espalda casi apoyada sobre una pared, las piernas estiradas y protegidas con una toalla y tumbar al niño sobre nuestras piernas. Es importante estar lo más cerca posible del niño y tener contacto ocular.

Antes de comenzar el masaje hay que estar relajado; para ello se recomiendan unas cuantas respiraciones abdominales e intentar dejar la mente en blanco.

Los aceites, mejor que las leches o lociones corporales

Cuando el masaje se lo vamos a dar al bebé conviene quitarle la ropa y utilizar un aceite de almendras dulces para masajear. Las cremas y leches se absorben muy rápido y hay que estar constantemente untando nuestras manos; el aceite cunde más.

El aceite lo echaremos en nuestras manos y nos las frotaremos bien, de esta manera las calentamos.

Los aceites industriales suelen ser derivados del petróleo y esto no es bueno para la piel del niño, ya que no dejan transpirar. Antes de aplicar las manos aceitadas sobre la piel del niño, lo probaremos en una pequeña zona de su cuerpo para comprobar que no es alérgico al mismo, o bien consultar antes si tenemos alguna duda.

Utilizar aceites preferiblemente sin olor para no alterar el sentido del olfato o gusto, ya que distrae la atención.

Si estamos en el aula les daremos el masaje con ropa ligera puesta, sin utilizar aceites.

Las esencias florales aplicadas al masaje:

Los bebés pueden obtener importantes beneficios de la aplicación de las Flores de Bach en el masaje; estos preparados son productos totalmente naturales y con funcionamiento similar a la homeopatía y permiten la absorción por vía cutánea incorporados al aceite de masaje.

Los elixires tratan aspectos como la impaciencia, la irritabilidad, los ritmos de sueño cambiados o la desatención. Están recomendados por la OMS y se emplean en los cinco continentes.

Podemos aplicar una o varias esencias depositando tres gotas sobre la palma de la mano a la vez que el aceite. También se pueden poner unas gotitas en el agua del baño; en este caso la dosis recomendada es de siete gotas.

Las esencias de uso más frecuente en niños pequeños son las siguientes:

- Bebés que sólo se calman en brazos y llaman la atención del adulto constantemente: "CHICORY".
- Niños irritables con gases e intranquilidad en general: "IMPATIENS".
- Niños que parecen sobresaltarse con todo y tienen el sistema nervioso muy sensible: "STAR OF BETHLEHEM".
- Bebés con ritmos de sueño cambiado: "MORNING GLORY".
- Para los pequeños con aspecto ausente que parecen vivir en otro mundo: "CLEMATIS".
- Niños con deficiencias y retraso en la maduración y el crecimiento: "CHESTNUT BUD", "ALMOND" y "HONEYSUCKLE".
- Bebés torturados por la dentición: "WALNUT", "AGRIMONY" e "IMPATIENS".
- Cuando el niño parece tener miedo sin saber a qué: "ASPEN".
- Para bebés intranquilos y nerviosos que no concilian el sueño: "CHAMOMILLE".

Las esencias pueden ponerse en el agua del biberón, pues su uso bebido es el más frecuente; bastarán dos gotas en el agua para media jornada o la jornada entera. Las madres que amamantan pueden ingerir las esencias que necesita el niño tomando tres gotitas bajo la lengua tres veces por día; no son eficaces cuando la persona que las ingiere no padece las alteraciones para las que se describen estos preparados.

Los goteros de flores no deben ser expuestos a radiaciones eléctricas directas: neveras, microondas o calefacción; el sol directo tras un cristal cuando la temperatura sube a más de 35°C las deteriora.

Los niños tratados con esencias florales presentan una mayor tranquilidad y un desarrollo de la atención por encima de la media.

La presión y el movimiento en el masaje

Los movimientos deben ser amplios, lentos, repetitivos y rítmicos. Las canciones nos ayudarán imprimiendo un ritmo y una cadencia.

La presión no debe ser fuerte, aunque sí firme para dar confianza. La mano, toda la palma, debe amoldarse al cuerpo.

Conforme el niño tiene más edad intensificaremos la presión, pero sin hacer daño; la persona que da el masaje es la que mejor calibrará esta presión; cuantos más masajes se den, más confianza tendremos. Si tenemos miedo, el niño lo notará.

¿Cómo empezar el masaje?

Cuando ya estamos listos para dar el masaje y todas las condiciones son propicias, cogeremos al niño y le pediremos permiso. Para ello utilizaremos la canción de saludo enseñándole nuestras manos y mirándole a los ojos. Si el niño ya sabe hablar, él mismo nos dirá si quiere o no quiere, pero si no sabe hablar sus gestos nos lo indicarán. Cuando es la primera vez que realizamos el masaje, el niño no sabrá qué es lo que pasa, puede ponerse nervioso. Hay que actuar con cautela, despacio y no forzar, poco a poco el niño se irá acostumbrando y disfrutará con la experiencia. A veces conviene sólo posar nuestras manos en su cuerpo para que se vaya habituando.

Al principio empezaremos por las partes del cuerpo menos vulnerables, como las piernas y los pies; si comenzamos por la parte superior se pondrá tenso.

Si el bebé o niño rechaza el masaje no hay que forzarlo, lo dejaremos para otro momento.

Las canciones

Cada masaje está acompañado por una canción. Aunque estas están grabadas conviene aprenderlas para que la propia voz sea otro vínculo de relación con el niño. No importa si cantamos mal, lo importante es que el niño reconozca la voz, le dé seguridad y capte su atención. Al cantarlas nosotros mismos podremos adaptarlas mejor a los movimientos y a nuestro ritmo y repetiremos los movimientos las veces que creamos convenientes.

Las canciones también nos ayudarán a centrar la atención de los niños a partir de un año: desde esta edad o están aprendiendo a andar o ya saben. Al tener movilidad es más difícil mantenerlos tumbados, la canción les ayudará a centrarse y a relajarse, entonces el masaje se convertirá en un juego; en este momento hay que ser paciente: ya no es un bebé "pasivo" que se deja hacer, ahora todo para él es un juego y quiere participar.

Canción para saludar

¿Cómo estás?

Esta canción es un saludo con el que pedimos permiso al niño para darle el masaje. La cantaremos mirándole a los ojos, sonriéndole y mostrándole las palmas de nuestras manos. Cuando el niño ya es capaz de expresarse con sus propias palabras podemos seguir utilizando esta canción o bien preguntarle directamente si quiere que le demos un masaje.

Para el bebé esta canción se convertirá en una rutina, al oírla ya sabrá lo que va a pasar.

¿Cómo estás? pista 1

Natalia Velilla

Buenos días, (tardes o noches según corresponda)
¿cómo estás?
Un masaje te vengo a dar.
Con mis manos de algodón
y una bonita canción.

Masaje de piernas

A remar, a remar

Cogemos, juntas, las piernas del niño doblando las rodillas contra la tripa, luego estiramos las piernas otra vez. Repetimos este movimiento mientras dure la canción, al finalizar esta, en el último estiramiento de las piernas las sacudimos ligeramente para relajarlas. Repetimos el movimiento completo las veces que creamos convenientes según la respuesta del niño.

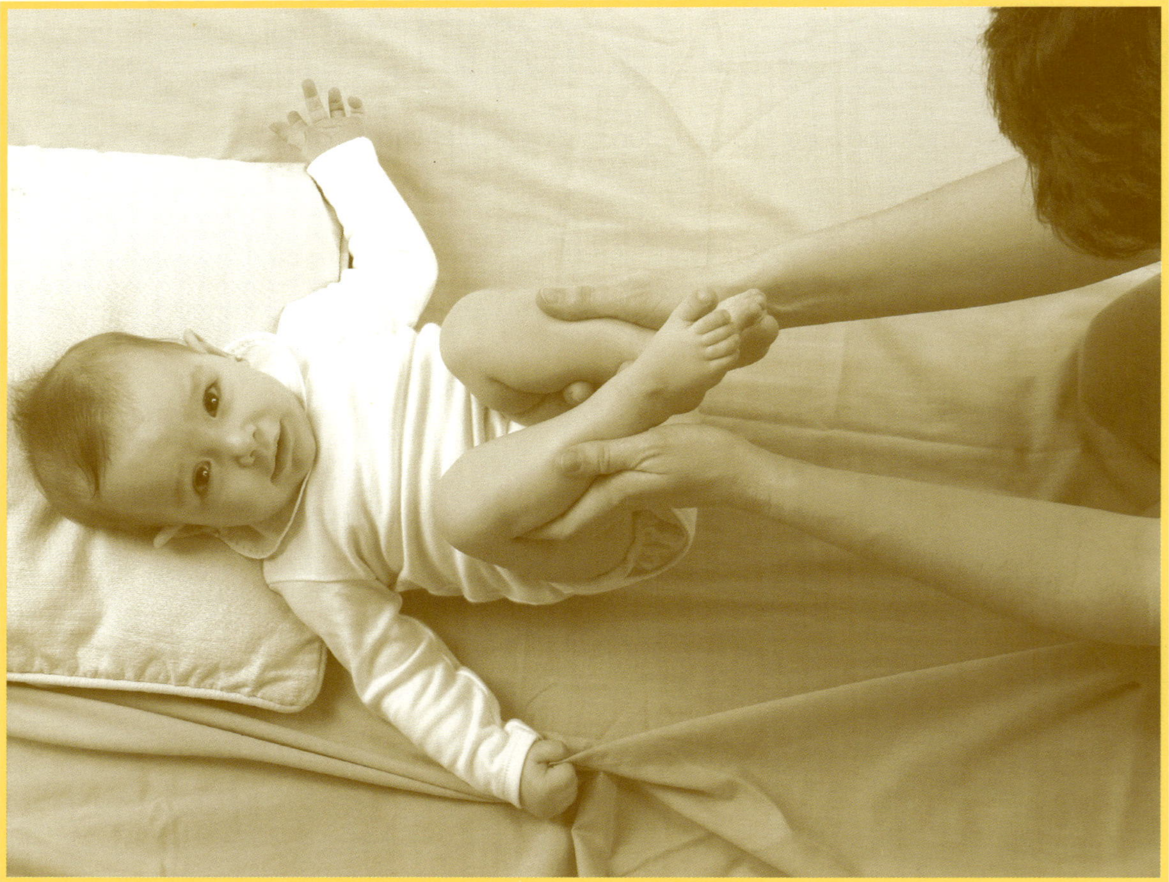

A remar, a remar pista 2

Popular

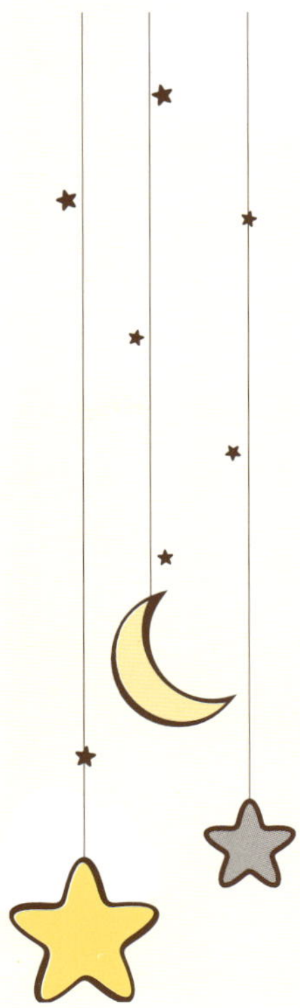

A remar, a remar
marineros de San Juan.
A los chicos dadles leche,
a los grandes dadles pan.

Masaje de piernas

La bicicleta

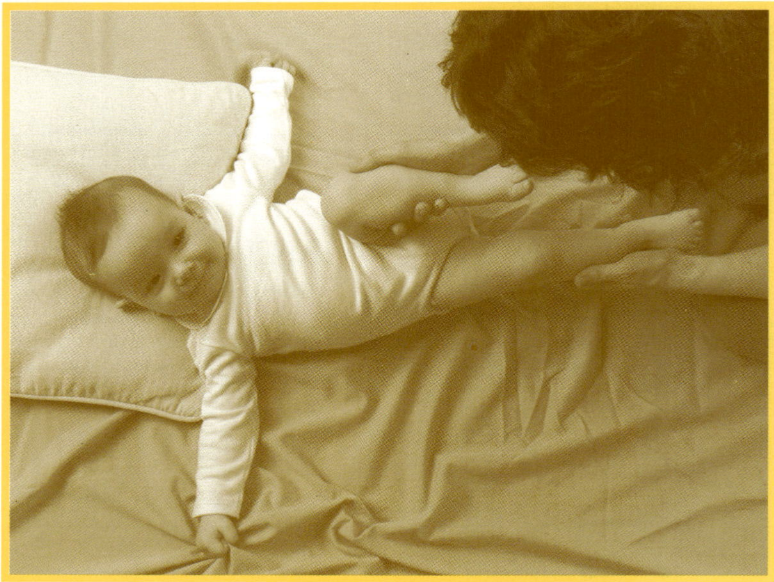

El procedimiento es el mismo que en el masaje "A remar, a remar", pero ahora moveremos las piernas alternativamente, como pedaleando en una bicicleta. Hay que seguir esta secuencia rítmica:

- Pedalea la pierna derecha.
- Pedalea la pierna izquierda.
- Pedalea la pierna derecha.
- Estirar ambas piernas para relajar.

Repetir la serie pero ahora comenzando por la pierna izquierda. Siguiendo la canción completa se hace 4 veces la secuencia rítmica o serie, cada vez empezando con una pierna distinta.

- 1º: pierna derecha: "Voy en una bici...".
- 2º: pierna izquierda: "Voy pedaleando...".
- 3º: pierna derecha: "Mi mamá me mira...".
- 4º: estirar: "Qué contento voy".

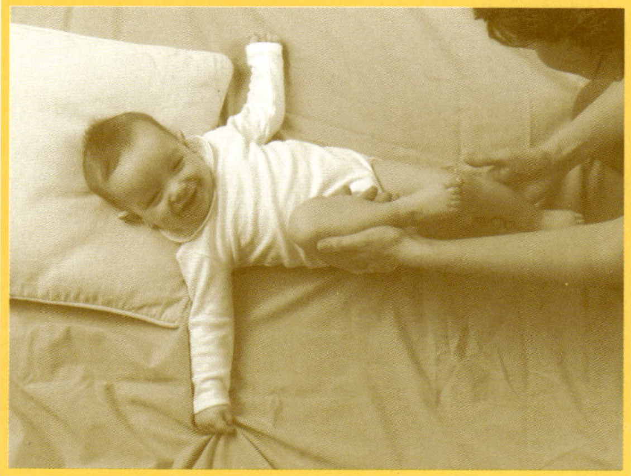

La bicicleta pista 3

Natalia Velilla

Voy en una bici,
voy pedaleando,
mi mamá me mira,
¡qué contento voy!

Masaje de piernas

Mizo gatito

Este es un ejercicio de estiramiento, sólo para bebés hasta un año o hasta que comienzan a andar, a partir de ese momento ya es innecesario. A la vez que se estira se está dando un masaje en la pelvis y enderezando la columna.

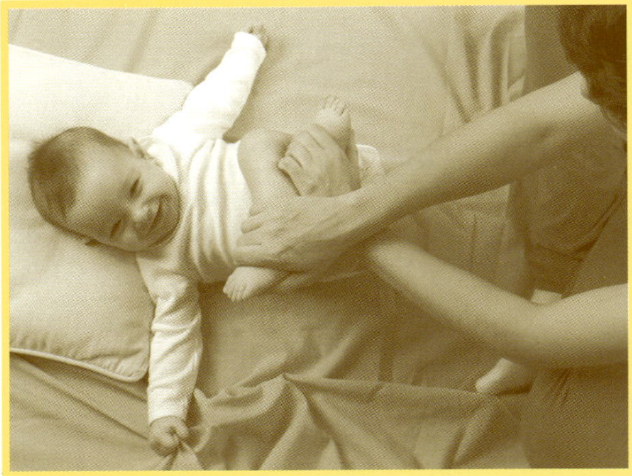

Cogemos las piernas del niño y las cruzamos por encima de su tripa tres veces, alternando la pierna que queda encima, y terminamos estirando ambas piernas hacia nosotros para relajar. Seguimos esta secuencia rítmica:

- Cruza quedando la pierna derecha por arriba y la izquierda por abajo: "Mizo gatito...".
- Cruza quedando la pierna izquierda por arriba y la derecha por abajo: "Pan conejito...".
- Cruza quedando la pierna derecha por arriba y la izquierda por abajo: "Sopitas de la olla...".
- Estirar la dos piernas juntas hacia nosotros: "Mamola, mamola, mamola".

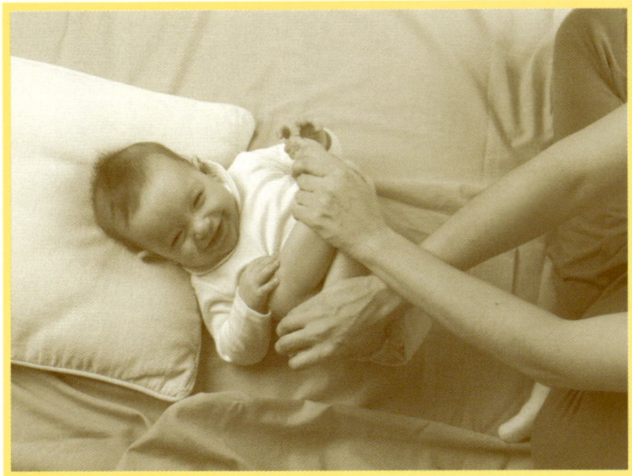

La secuencia dura lo mismo que la canción. Repetiremos toda la serie varias veces, comenzando cada vez por una pierna.

Mizo gatito pista 4

Música: Natalia Velilla
Texto: popular

Mizo gatito,
pan conejito,
sopitas de la olla.
¡Mamola, mamola, mamola!

Masaje de pies

Tengo diez deditos

Primero en un pie y luego en el otro. Deslizamos nuestros pulgares, alternativamente por la planta del pie, desde el talón hasta la parte inferior de los dedos.

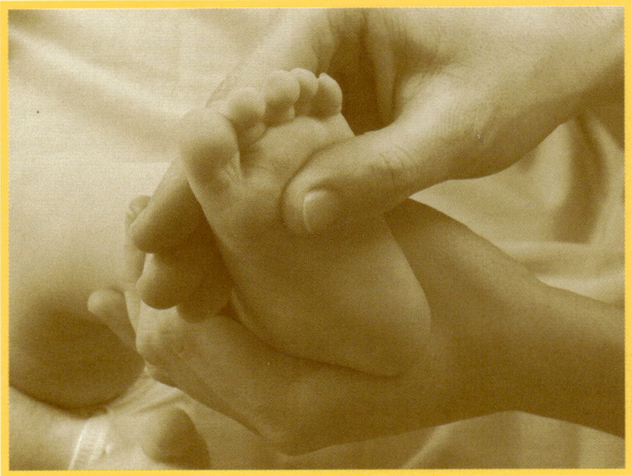

Al llegar a la parte de la canción donde empiezan a contarse los dedos iremos comprimiendo ligeramente cada dedo del pie, con un pequeño movimiento circular.

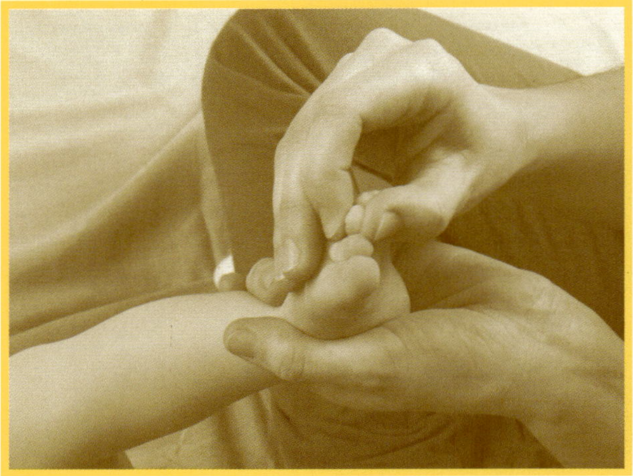

Terminamos deslizando nuestros pulgares alternativamente por el empeine del pie, desde los dedos hacia el tobillo, donde la canción dice: "¡Diez, diez! son los dedos de los pies".

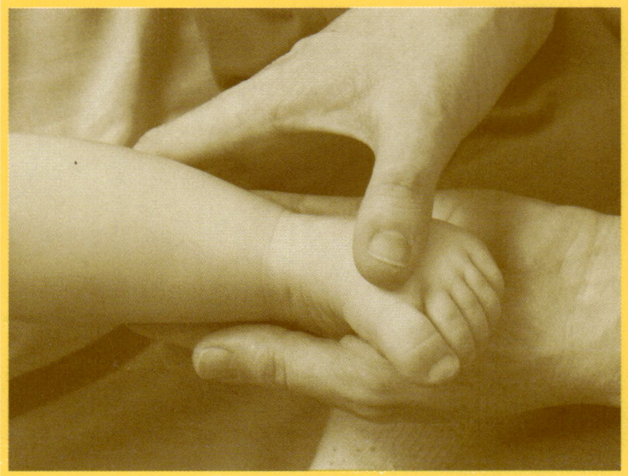

Tengo diez deditos pista 5

Natalia Velilla

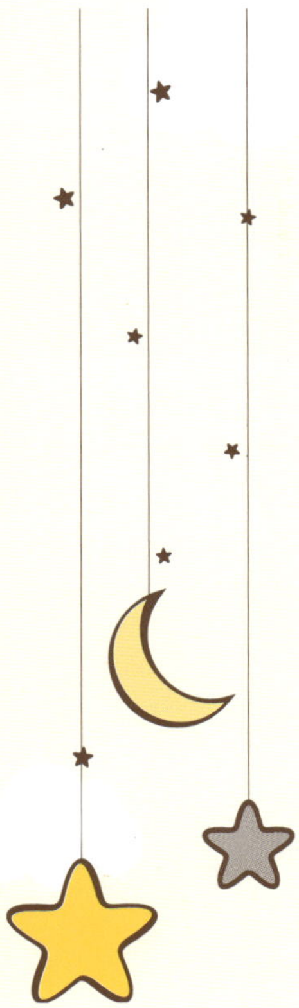

Tengo diez deditos aquí en mis pies. Vamos a contarlos del uno al diez.	Deslizar los pulgares por la planta del pie.
Uno, dos y tres, cuatro cinco y seis siete, ocho, nueve y diez.	Presionar cada dedo.
¡Diez, diez! son los dedos de mis pies.	Deslizar los pulgares por el empeine.

Masaje de pies

Estos piececitos

Cogemos los dos pies a la vez y presionamos con nuestros pulgares por toda la planta del pie, desde los talones hasta los dedos y desde los dedos hacia los talones.

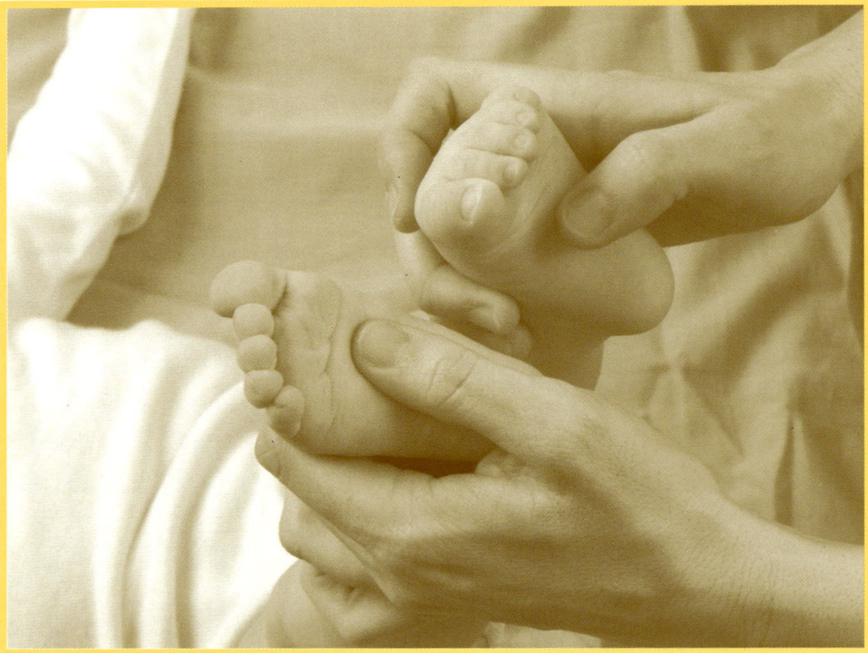

Realizamos este movimiento hasta que la canción dice, "¡Correr!", entonces sacudimos ligeramente las dos piernas a la vez.

Estos piececitos pista 6

Música: Natalia Velilla
Texto: Popular

Estos piececitos
son hermanitos.
Van a los nabales
a buscar nabitos.
Vino la raposa,
los quiso comer
y echaron a correr
¡Correr!

Masaje de espalda

Bollitos

Este es un masaje largo que iremos desglosando siguiendo las estrofas de la canción:

Se posan ambas manos en la espalda del niño, perpendicularmente a la columna, sin presionar, que note el calor de nuestras palmas: "La masa está fresquita/ para trabajar".

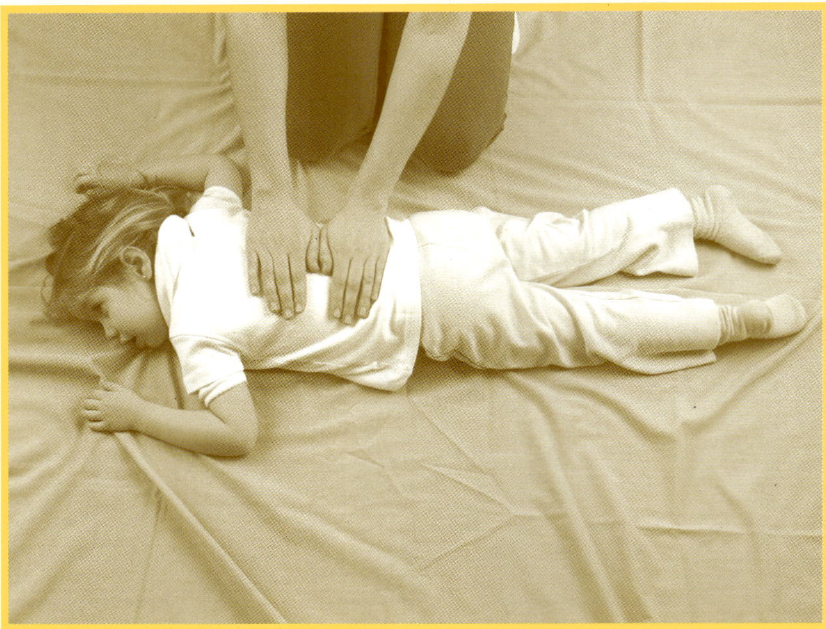

Desde la posición anterior se desplazan las manos en un movimiento de vaivén alternativamente, bajando desde los hombros hasta el final de la espalda y luego subiendo desde el final de la espalda hasta los hombros: "La amaso, la amaso,/ la vuelvo a amasar...".

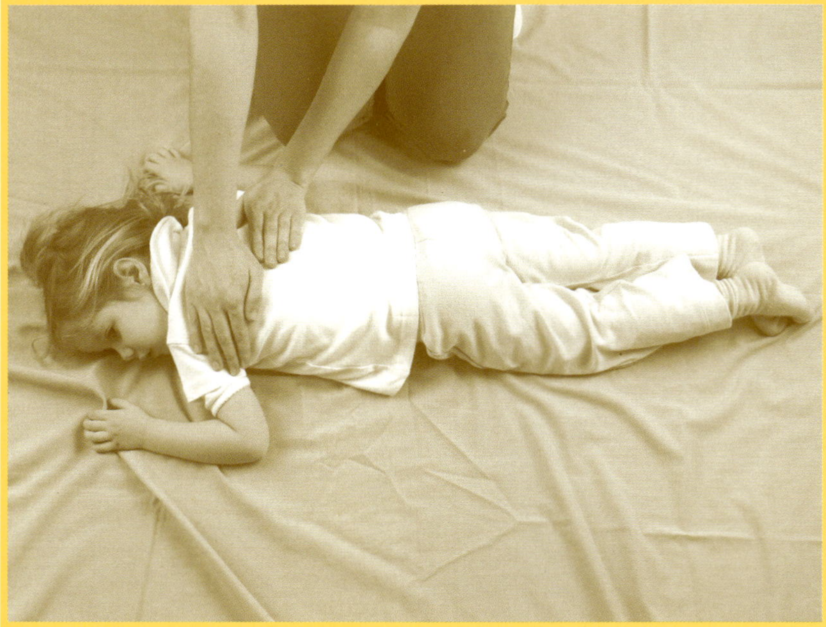

Seguimos con las manos perpendiculares a la columna. Colocamos una mano fija sobre las nalgas y la otra la vamos deslizando por la espalda desde los hombros hasta que se reúna con la otra mano: "Y ahora la estiro,/ la estiro un poco más"

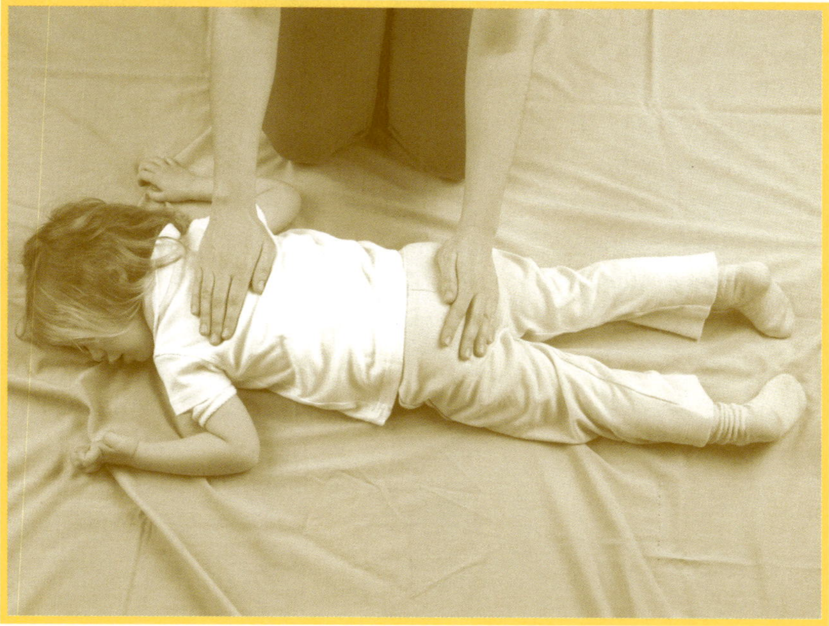

Como el movimiento anterior, pero ahora la mano fija la colocamos en la planta de los pies y la mano que se mueve la deslizamos por la espalda y las piernas, hasta los pies: "Lisita, lisita,/ lisita se quedará".

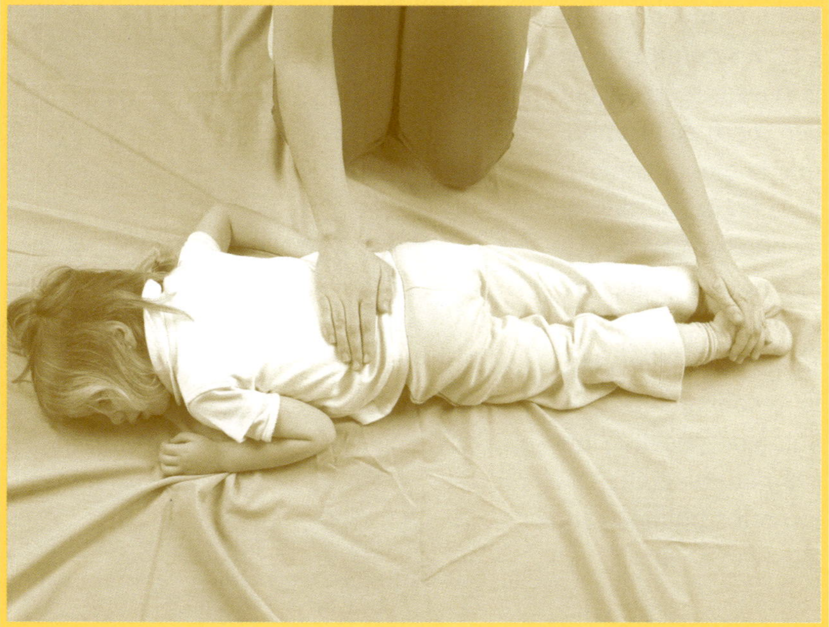

Masaje de espalda

Con la yema de los dedos de ambas manos vamos haciendo círculos a lo largo y ancho de toda la espalda, desde los hombros hasta el final de la espalda: "...Y hago caracolas/ y estrellas de mar,/ y conchas y cangrejos,/ ¡qué bien van a quedar!...".

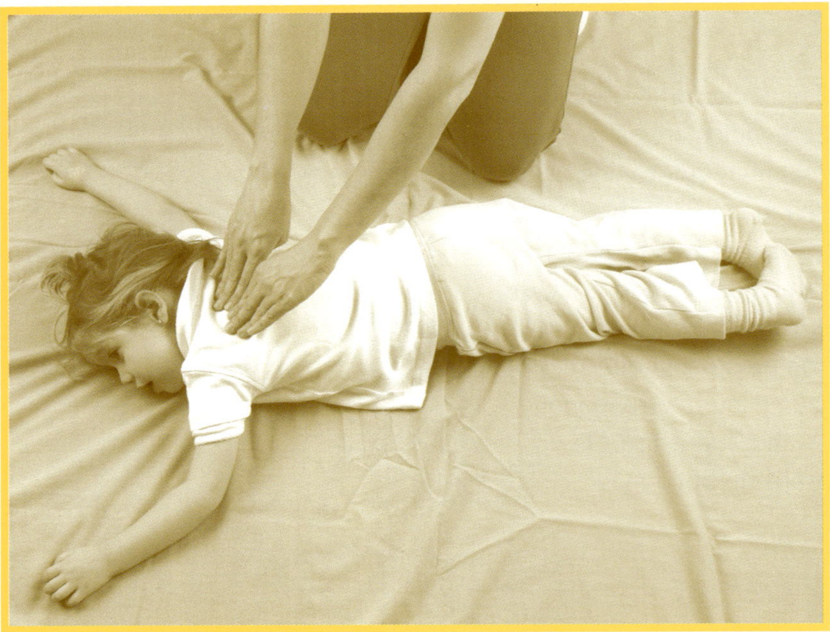

El último movimiento lo haremos con las yemas de nuestros dedos también, pero deslizando toda la mano, como si fuera un peine, desde los hombros hasta el final de la espalda, trazando líneas verticales, siguiendo la dirección de la columna: "...Los pinto con huevito,/ que está muy blandito./ Y al horno los bollitos,/ ¡qué ricos van a estar!".

Bollitos pista 7

Natalia Velilla

Masaje de espalda 6.4

La masa está fresquita
para trabajar...
La amaso, la amaso,
la vuelvo a amasar.
Y ahora la estiro,
la estiro un poco más,
lisita, lisita,
lisita se quedará.

Y hago caracolas
y estrellas de mar,
y conchas y cangrejos,
¡qué bien van a quedar!
Los pinto con huevito,
que está muy blandito.
Y al horno los bollitos,
¡qué ricos van a estar!

6.5 Masaje de pecho y vientre

Aliquí

Antes de empezar el masaje colocamos nuestras manos sobre el vientre y pecho del niño, amoldándolas a su cuerpo.

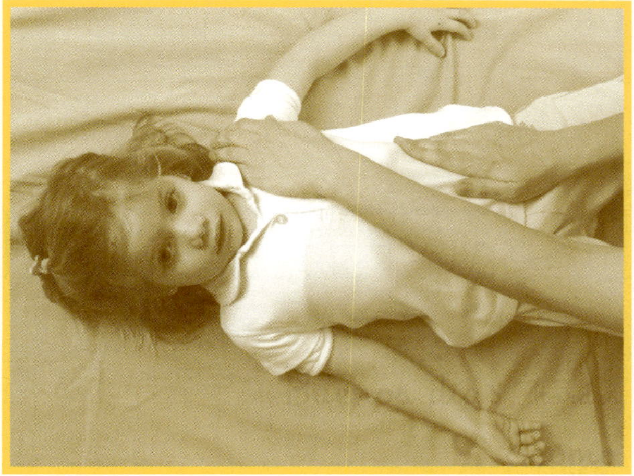

Para iniciar el movimiento situamos las palmas de las manos en el costado izquierdo del niño, la mano derecha abajo, en el lado izquierdo de la tripa y la izquierda arriba, sobre el hombro izquierdo.

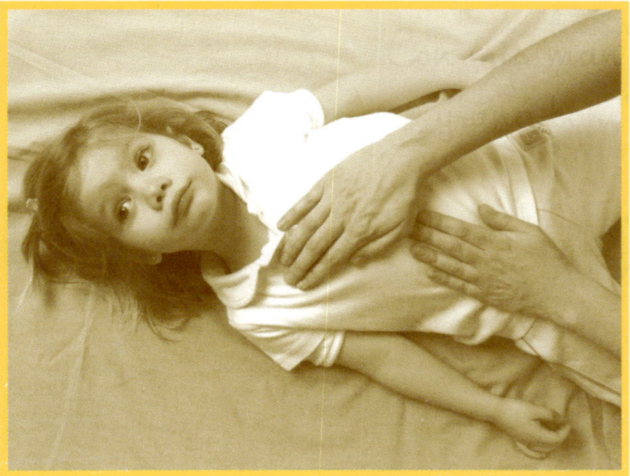

Desplazamos la mano derecha subiendo, cruzando diagonalmente por el pecho del niño hasta llegar al hombro izquierdo y la mano izquierda bajando, cruzando el pecho del niño diagonalmente, hasta el lado derecho de la tripa. Las manos hacen este movimiento, de subir y bajar cruzándose, mientras dura la canción. Al final, cuando la canción dice: "Suerte para ti", se le da al niño un beso en la frente.

Masaje de pecho y vientre

Aliquí pista 8

Música: Natalia Velilla
Texto: popular

Aliquí, aliquí
con la mano sí.
Aliquí, aliquí
con la mano no.
Aliquí, aliquí
con la mano sí
Aliquí, aliquí
¡Suerte para ti!

El bizcocho

Desglosamos el masaje siguiendo las estrofas de la canción:

Sobre la parte baja del vientre del niño se coloca la mano derecha. La mano izquierda, empezando por abajo, dibuja un círculo completo, con toda la palma, en el sentido de las agujas del reloj, y termina en el punto de partida: "Bizcochos ricos, / todos redonditos".

Igual que el paso anterior pero ahora el círculo lo dibuja la mano derecha y en sentido contrario a las agujas del reloj: "...Les pongo crema / y chocolatito...".

Masaje de pecho y vientre

Se posan ambas manos en la tripa del niño, amoldándose a su cuerpo, y las desplazamos a la vez hacia ambos lados del cuerpo del niño, como si estuviéramos alisando las páginas de un libro. Luego las manos bajan por los costados y vuelven a subir por el centro para regresar a la posición inicial. Se hace el movimiento completo dos veces:

- "Y la mermelada / tiene buena cara".
- "Y la pongo toda / hasta que se acaba".

El bizcocho pista 9

Natalia Velilla

Bizcochos ricos,
todos redonditos.
Les pongo crema
y chocolatito.
Y la mermelada
tiene buena cara.
Y la pongo toda
hasta que se acaba.

Masaje de brazos

Morinito

Este masaje lo daremos tumbando a los niños si son menores de un año. A partir de un año el niño puede estar sentado, y en este caso el niño apoyará su mano en nuestro hombro de tal forma que su brazo quede estirado, pero no tenso, que repose todo su peso sobre nosotros. Haremos cada brazo por separado.

Se hace rodar varias veces el brazo del niño entre nuestras manos, empezando en el hombro y llegando hasta las muñecas. Al llegar al verso de la canción que dice: "Calabaza, calabaza", apoyaremos la palma de la mano del niño sobre nuestra palma (si está sobre nuestro hombro se la cogemos suavemente) y acariciamos dos veces el dorso de su mano suavemente cantando "calabaza, calabaza". Repetimos el masaje dos veces en cada brazo, alternativamente.

Morinito pista 10

Música: Natalia Velilla
Texto: Popular

Morinito fue a la plaza
a por una perrica de calabaza.
¡Calabaza, calabaza!

NOTA: Este masaje se puede hacer igualmente en las piernas; en este caso se realiza siempre tumbando al niño. Con dos y tres años puede apoyar su pie en nuestro hombro para que sea más cómodo.

Masaje de brazos

Bracitos

Este ejercicio es de estiramiento y lo realizaremos sólo con los bebés. Si el niño ya anda no lo necesita. A la vez que se estira, se está dando un masaje en el vientre y enderezando la columna.

Cogemos los brazos del niño y los cruzamos por encima de su pecho tres veces, alternando el brazo que queda encima, terminamos abriendo ambos brazos hacia los lados para relajar. Seguimos esta secuencia rítmica:

- Cruza quedando el brazo derecho por arriba y el izquierdo por abajo: "Cruzo los bracitos".

- Cruza quedando el brazo izquierdo por arriba y el derecho por abajo: "Los vuelvo a cruzar".

- Cruza quedando el brazo derecho por arriba y el izquierdo por abajo: "Y lo repito".

6.6

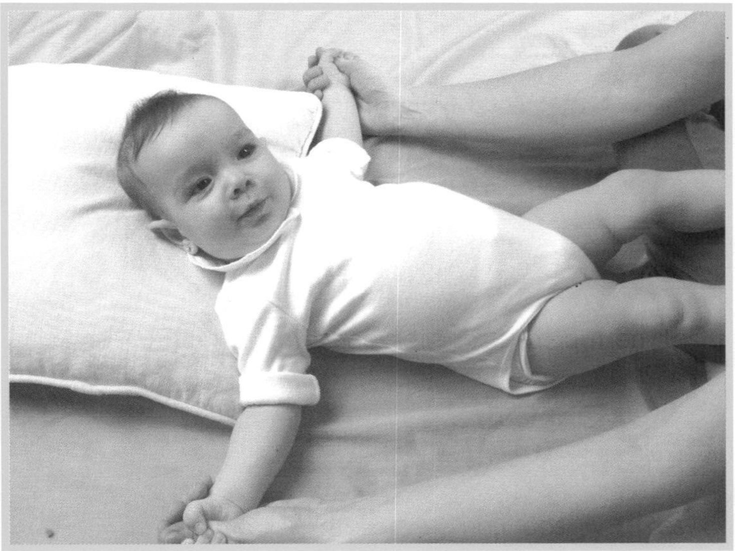

- Abrir los dos brazos a la vez hacia los lados: "Para terminar".

La secuencia dura lo mismo que la canción. Repetiremos toda la serie varias veces, comenzando cada vez por un brazo distinto.

Bracitos pista 11

Natalia Velilla

Cruzo los bracitos,
los vuelvo a cruzar.
Y lo repito para terminar.

Masaje de manos

Este fue a por pan

Este masaje no va a ir acompañado de una canción, sino de una rima popular. La recitaremos con su ritmo natural, a la vez que presionamos con un leve movimiento circular cada dedo de la mano, empezando por el meñique y terminando por el pulgar. Daremos el masaje siempre en las dos manos alternativamente.

ESTE DEDITO PIDE PAN (meñique).
ESTE DICE QUE NO HAY (anular).
ESTE DICE QUE A BUSCARLO (corazón).
ESTE DICE QUE A CORTARLO (índice).
Y ESTE PICARÓN GORDO, GORDO (pulgar...).
¡SE LO COMIÓ TODO! (pulgar).

6.7

Pinto, pinto

Seguimos la siguiente secuencia de masaje acompañado por la canción, una vez en cada mano:

Presionamos con movimientos circulares cada dedo de la mano, vamos desde el meñique hasta el pulgar y volvemos otra vez hacia el meñique: "Pinto, pinto/ gordo pinto/ cuenta las vacas, que son veinticinco".

Caricias suaves en el dorso de la mano: "¿Por qué lugar? Por Portugal".

Masaje de manos

Cogemos la mano del niño y con nuestros dedos pulgares le hacemos pequeños movimientos circulares alrededor de la muñeca: "¿Por qué calleja? La Moraleja".

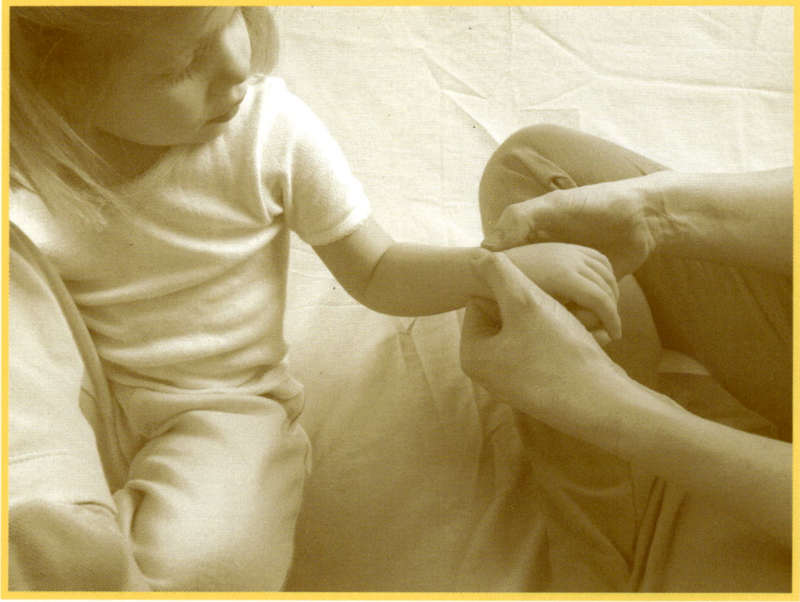

Doblamos la mano del niño como un puño y la metemos dentro de nuestra mano, escondiéndola: "Esconde la mano que viene la vieja".

Pinto, pinto pista 12

Música: Natalia Velilla
Texto: Popular

Pinto, pinto, gordo pinto,
cuenta las vacas, que son veinticinco.
¿Por qué lugar? Por Portugal
¿Por qué calleja? La Moraleja
Esconde la mano que viene la vieja.

Masaje de cara

Esta barba barberá

Seguimos la siguiente secuencia de masaje acompañado por la canción:

Con nuestros dedos pulgares trazamos una sonrisa en el labio inferior del niño, hacia los mofletes: "Esta barba barberá".

Con nuestros dedos pulgares trazamos una sonrisa en el labio superior del niño, hacia los mofletes: "Esta boca comerá".

Con nuestros dedos pulgares, partimos del puente de la nariz y los deslizamos hacia abajo, aplastando suavemente las fosas nasales para terminar en los mofletes del niño: "Esta nariz narigueta".

Deslizamos suavemente los pulgares sobre las cejas, del centro hacia fuera, dos veces: "Este ojito pajarito/ y este su compañerito".

Masaje de cara

Para terminar desplazamos las palmas de las manos por la cara del niño, partiendo del centro de la frente y deslizándose hacia los lados hasta la barbilla. Al llegar aquí le damos un beso en la frente. En este movimiento no debemos tapar ni los ojos ni la nariz del niño: "Tope borrego, carnero".

6.8

Esta barba barberá Pista 13

Música: Natalia Velilla
Texto: Popular

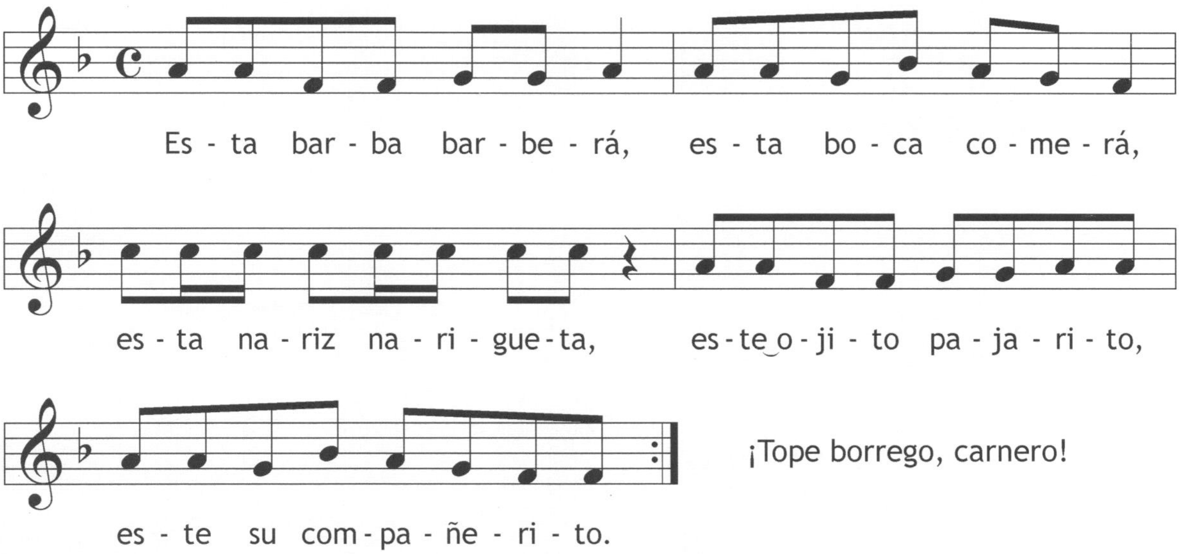

¡Tope borrego, carnero!

Esta barba barberá
esta boca comerá,
esta nariz narigueta,
este ojito pajarito,
este su compañerito,
¡Tope borrego, carnero!

Canciones de cuna

A continuación incluimos tres canciones de cuna para cantarlas a los niños meciéndolos en los brazos, en la cuna, o en la cama, para que se duerman o tranquilicen si tienen algún sofoco. A veces, si están en un estado alterado y rechazan nuestro masaje, una tonada cantada con voz suave y muy lentamente, acompañada de un movimiento de pequeño balanceo, es más efectiva.

Toronjil de plata pista 14

Popular

A la rorro niño, a la rorrorró.
duérmete, niñito de mi corazón.
Este niño lindo que se va a dormir
tiéndele su cama en el toronjil.

Toronjil de plata, torre de marfil,
este niño lindo ya se va a dormir.
Duérmete, mi niño, que voy a lavar,
pañales de lino en agua de azahar.

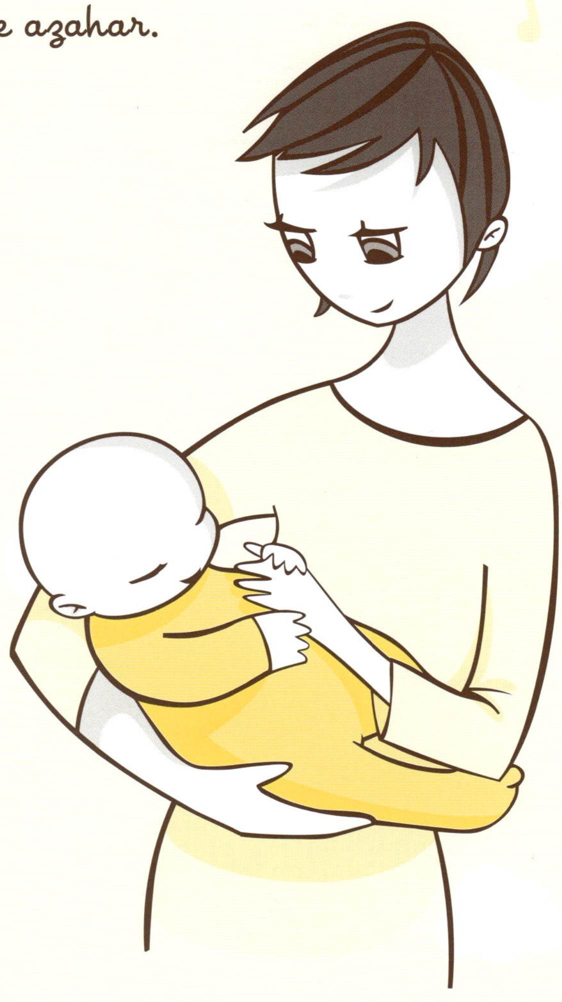

Canciones de cuna

Este niño tiene sueño pista 15

Popular

Este niño tiene sueño,
este niño quiere dormir,
un ojito tiene cerrado
y el otro no lo puede abrir.

6.9

La lunita blanca pista 16

Popular

La luna, lunita blanca
casi, casi se cayó.
Por ver al niño en la cuna
de puntitas se asomó.
¡Ay luna, lunita blanca!,
no te vuelvas a asomar,
que el niño duerme en la cuna,
si te ve despertará.

- ALEXANDER, Gerda: **La Eutonía. Un camino hacia la experiencia total del cuerpo.** Editorial Paidós, Buenos Aires 1989.
- AHR, Bárbara: **Masaje para bebés.** Editorial Paidotribo, Barcelona 1994.
- BENÍTEZ GRANDE-CABALLERO, Laureano: **La mejora del alumnado y del grupo a través de la relajación en el aula.** Editorial Cisspraxis, Barcelona 2001.
- BERTHERAT, T. - BERNSTEIN, Carol: **El cuerpo tiene sus razones. Autocura y antigimnasia.** Editorial Paidós, Barcelona 1987.
- BUENO, Mariano: **Vivir en casa sana.** Editorial Martínez Roca, Barcelona 1988. www.casasana.info.
- DAVIS, P. K.: **El poder del tacto**. Editorial Paidós, Barcelona 1993.
- DE LA ROSA, Raúl: **Contaminación electromagnética.** Editorial Colección Terapión, Valencia 1996.
- HEALTH, A. - BAINBRIDGE: **Masaje Infantil. El poder calmante de la caricia.** Ediciones Médici, Barcelona 2000.
- HERNÁNDEZ, Maite: **Guía práctica de esencias florales, orquídeas del Amazonas y extractos de cristales.** Editorial Elfos. Barcelona 1995.
- LEBOYER, Frédérick: **Shantala,** Editorial Edicial, Argentina 1989.
- MATHIEU, M.: **Masaje Infantil, el contacto natural.** Ediciones Médici, Barcelona 2000.
- SCHNEIDER, Vimala: **Masaje Infantil, guía práctica para el padre y la madre.** Ediciones Médici, Barcelona 2002.

TIENDAS:

- NESTINAR: Fabricación y distribución de Esencias Florales. C/ Bajada de la Gloria, nº 4, local, Barcelona. Teléfono: 934 125 868.
- ECOTIENDA NATURAL: C/ Carranza, nº 9, Madrid. Teléfono: 914 476 046.